Dieses Buch gehört zu:

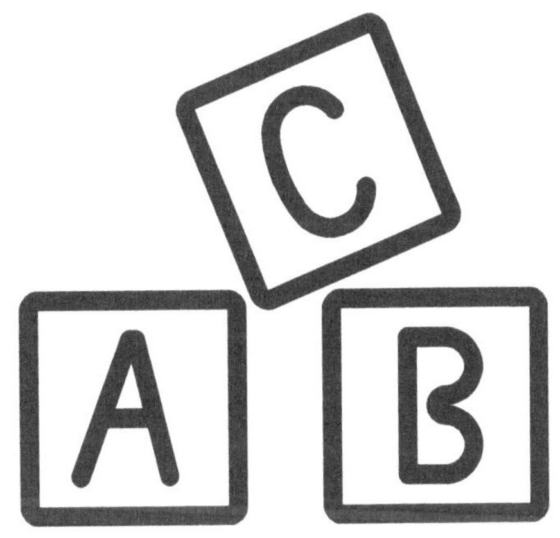

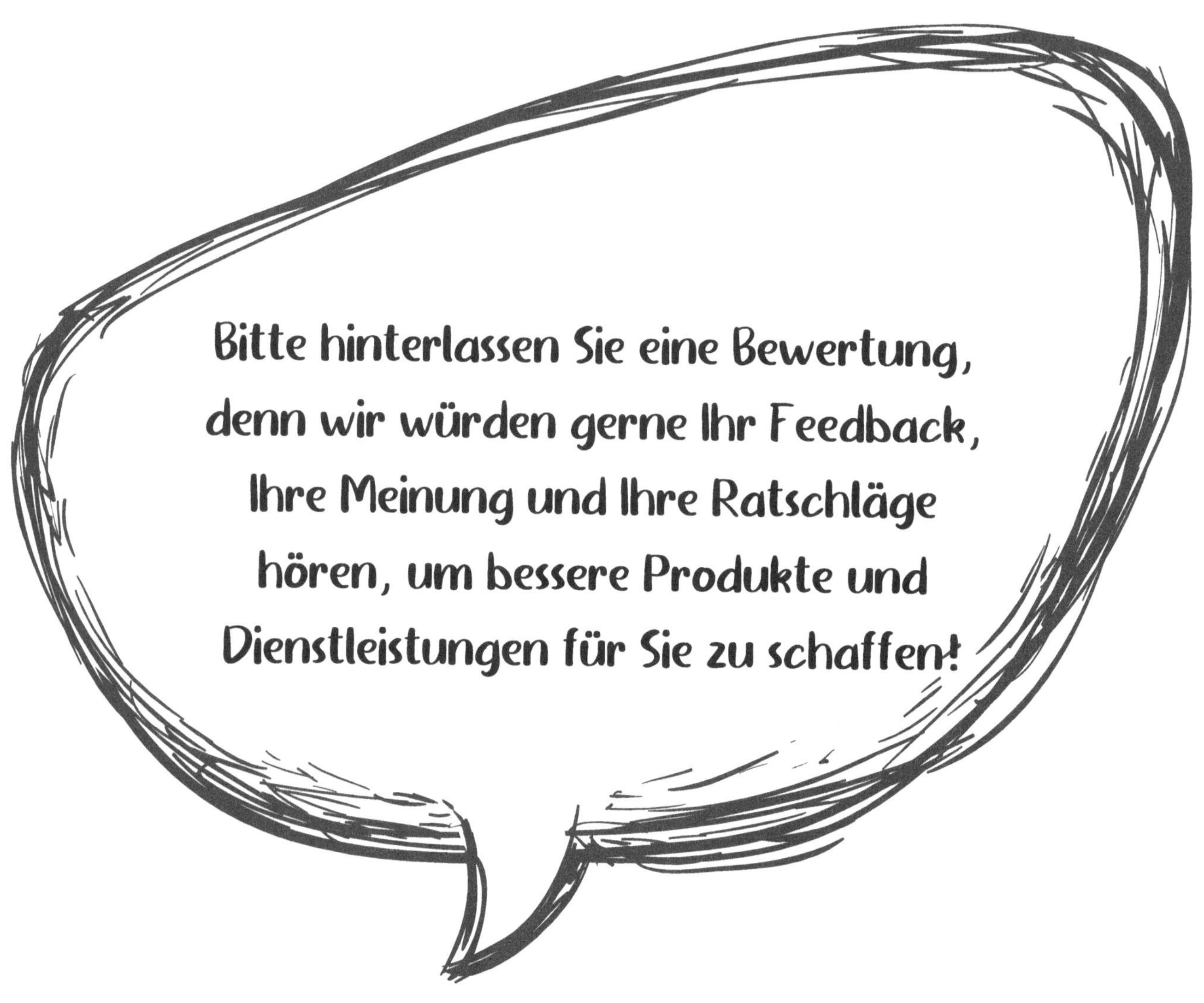

Viel Spaß beim Ausmalen der Buchstaben des
Alphabets und Üben des Schreibens der Buchstaben
nach jeder Zeichnung.

www.ingramcontent.com/pod-product-compliance
Lightning Source LLC
Chambersburg PA
CBHW060123120726
48003CB00009B/2763